BEI GRIN MACHT SICH IHR
WISSEN BEZAHLT

- Wir veröffentlichen Ihre Hausarbeit,
  Bachelor- und Masterarbeit

- Ihr eigenes eBook und Buch -
  weltweit in allen wichtigen Shops

- Verdienen Sie an jedem Verkauf

**Jetzt bei www.GRIN.com hochladen
und kostenlos publizieren**

Frank Alibegovic

Moralische Erziehung nach Immanuel Kant und Judith Butler

Unter Berücksichtigung der Möglichkeit und der Anforderung an Transparenz und Selbsteinsicht

GRIN Verlag

Bibliografische Information der Deutschen Nationalbibliothek:

Die Deutsche Bibliothek verzeichnet diese Publikation in der Deutschen National-
bibliografie; detaillierte bibliografische Daten sind im Internet über http://dnb.d-
nb.de/ abrufbar.

Impressum:

Copyright © 2007 GRIN Verlag GmbH
Druck und Bindung: Books on Demand GmbH, Norderstedt Germany
ISBN: 978-3-656-70999-2

Dieses Buch bei GRIN:

http://www.grin.com/de/e-book/277977/moralische-erziehung-nach-immanuel-kant-
und-judith-butler

GRIN - Your knowledge has value

Der GRIN Verlag publiziert seit 1998 wissenschaftliche Arbeiten von Studenten, Hochschullehrern und anderen Akademikern als eBook und gedrucktes Buch. Die Verlagswebsite www.grin.com ist die ideale Plattform zur Veröffentlichung von Hausarbeiten, Abschlussarbeiten, wissenschaftlichen Aufsätzen, Dissertationen und Fachbüchern.

Moralische Erziehung nach Kant und Butler.

Unter Berücksichtigung der Möglichkeit und der Anforderung an Transparenz und Selbsteinsicht.

Inhaltsverzeichnis

1. Die Relevanz der Ethik für die Pädagogik

Wert-lose Kinder und die Aussage, dass früher noch Werte von Bedeutung fürs Leben waren. Wann war dieses früher? Etwa im Mittelalter als die katholische Kirche dogmatische die Werte vorgab?

Ruf nach Werteerziehung äußert sich auch in der Einführung von unterschiedlich benannten Fächern in der Schule: Religion, Religionsunterricht für alle, Ethik, Lebenskunde, LER (Lebensgestaltung/Ethik/Religion), Ethik, Philosophie, Praktische Philosophie. Allein die Bezeichnungen weisen schon auf sehr große begriffliche Unterschiede und Unheitlichkeiten hin. Noch schwieriger wird die Differenzierung wenn, von (mangelnder Moral) und einem – oben bereits genannten – Ruf nach Werten gesprochen wird. Diese pädagogische Herausforderung ist jedoch keine leichte, da in diesem Zusammenhang eine Menge verschiedener Bezeichnungen benutzt werden. Wie könnte diese Herausforderung also bewältigt werden? Lassen sich Begriffe wie Moral, Werte, Normen, Ethik usw. in ein System bringen? Wie kann dieses System aussehen? Diese Frage muss zunächst beantwortet werden, was auch in Kapitel 2 geschieht, bevor weitere Äußerungen zu der Forderung nach moralischer Erziehung getroffen werden. Hierzu werden in Kapitel 2 drei Ebenen eingeführt und erläutert, die zu einer besseren Orientierung verhelfen sollen. Diese Ebenen werden auch an Hand von Grundfragen der Ethik veranschaulicht.

Anschließend werden zwei Konzeptionen im Kontext der moralischen Erziehung (unter Berücksichtigung zweier grundlegender Prinzipien dargestellt) und auch nach ihrer Verortung innerhalb des zuvor beschriebenen Ebenensystems hin untersucht. Die im Kapitel 3 behandelte erste Konzeption ist die von Immanuel Kant, da er mit seiner Moralphilosophie die Grundlage für viele fruchtbringende Diskussionen auf diesem Gebiet legte. Er versuchte mit seinem Ansatz die Frage „Was soll ich tun?" zu beantworten. Seine äußerst bekannte Antwort darauf ist der kategorische Imperativ. In Kapitel 4 werden als zweiter Ansatz die Gedanken von Judith Butler dargestellt. Es sollen dabei die Parallelen und die unterschiedlichen Vorstellungen zu Kant herausgearbeitet werden. Dabei soll zugleich eine Verschiebung der Herangehensweise im Vergleich zu Kant ausgemacht werden.

Bei der Darstellung dieser beiden Konzeptionen ist es das Anliegen des Autors, vor Allem auf den Aspekt der (Selbst-)Transparenz zu achten. Wo diese Fähigkeit zur Selbsteinsicht notwendig ist, wer sie – möglicherweise unhinterfragt – voraussetzt, und welche Bedingungen zur Möglichkeit von Transparenz erforderlich sind. Oder ob die Transparenz in dem – eventuell – geforderten oder beschriebenen Umfang überhaupt verwirklich- und realisierbar ist. Doch nun zunächst zu dem Versuch, die verschiedenen Begriffe im Kontext Ethik und Moral in ein System mit drei Ebenen zu bringen.

2. Moral und Ethik: Einführung einer Systematik

Bei der Unmenge an Begriffen wie Werte, Normen, Moral, Ethik uvm. ist es von Vorteil, sich zunächst einen Überblick über die Zusammenhänge dieser Begriffe zueinander zu verschaffen. Erst dann lässt sich entscheiden, welche dieser Begriffe für die Pädagogik eine Rolle spielen und was sie eigentlich bedeuten. Die Erstellung dieser Systematik soll an Hand von Grundfragen angegangen werden.

2.1 Ebene eins: die Moral

Die **erste Grundfrage** der Ethik lautet „Wie soll ich handeln?" bzw. in der Formulierung Kants: „Was soll ich tun?" (F1). Sie impliziert das Vorhandensein von normativen Aussagen, die vorschreiben, was ich tun *soll*. Ob sich Kants Gedanken wirklich auf dieser Ebene bewegen, wird später näher beleuchtet. Dieses erwähnte *sollen* eröffnet die Verbindung zum Moralbegriff. Das Wort Moral kommt vom lat. „mos" bzw. „mores" (Plural), was soviel wie Gewohnheit oder Sitte bedeutete. Moral bezeichnet die Summe der Grundsätze und Erwartungen in Bezug auf das zwischenmenschliche Verhalten, die einzelne Personen oder eine Gemeinschaft als verbindlich akzeptieren oder die zumindest hingenommen werden. Sie stellt somit einen Überbegriff zu den jeweils konkreten Normen bzw. Zielvorgaben dar. Hier werden (teilweise) klare Aussagen zur Erwünschtheit bzw. Ablehnung von konkreten Handlungen getroffen. Die Differenz von Normen und Werten besteht darin, dass konkrete Normen aus allgemeinen Werten/Wertvorstellungen ableitbar sind. In der Reihenfolge vom Konkreten zum Allgemeinen, vom Detail zum Überbau lassen sich also folgende Begriffe nennen: Normen, Werte, Moral. Letztere bietet somit die Möglichkeit zur Orientierung für das Zusammenleben.

Hier ein paar Beispiele zu (un-)moralischen Handlungsweisen. So werden etwa Politiker und Personen in hohen Führungspositionen, die Geld, eine Urlaubsreise oder andere (sexuelle) Annehmlichkeiten von potentiellen Geschäftspartnern oder bestimmten Interessenvertretern für die Gewährung eines Gefallens akzeptieren, in Presse, Medien und von vielen Einzelpersonen als unmoralisch bezeichnet. Moralisch korrekt handeln würde dagegen etwa eine Person, die einen Geldbeutel mit (viel) Geld im Inneren findet, ihn aber (trotzdem) inklusive des gesamten Geldes dem Eigentümer zukommen lässt. Und noch ein Beispiel: Auch heute noch wird (von manchen) der sexuelle Akt zwischen zwei unverheirateten Person als unmoralisch bezeichnet und die betreffenden Personen werden entsprechend geahndet und geächtet.

Gerade dieses letzte Beispiel macht jedoch deutlich, dass Moral keine von *allen* einheitlich geteilte Sichtweise darstellt, sondern dass es sehr unterschiedliche Vorstellungen dessen gibt, was moralisch ist. Damit wird auch schon die Notwendigkeit der zweiten Ebene, der Ethik, angedeutet.

2.2 Ebene zwei: die Ethik

Interessanterweise ist das lateinische Wort „mos" eine Übersetzung Ciceros der beiden griechischen Wörter „ethos" und „êthos", von denen der heutige Begriff Ethik abgeleitet ist. Diese beiden Wörter haben zwar unterschiedliche Bedeutungen, sind aber nicht immer eindeutig auseinander zu halten. „Ethos" entspricht ungefähr der Bedeutung der vorher genannten Semantik von Moral und bezeichnet Gewöhnung oder Gewohnheit, Sitte und Brauch. Das zweite Wort „êthos" unterscheidet sich davon. „Êthos" meint speziell den Charakter und die Denkweise, die Sitte und Brauch verinnerlicht haben. Dieses Verinnerlichen setzt jedoch einen Prozess innerhalb der Person voraus, mit dem die **zweite Grundfrage** der Ethik in Verbindung steht. Sie bildet gleichzeitig die Basis für die zweite Ebene und lautet: „Warum ist diese Handlung richtig?" (F2). Hier geht es um die Reflexion der ersten Ebene. Moral(-vorstellungen) als Bestandteil des Alltags(-denkens) kann somit der *Ethik als Wissenschaft* gegenübergestellt werden. Ethik, die – nach Aristoteles – oft auch als praktische Philosophie bezeichnet wird, zielt nicht darauf ab, die Handlungen zu ermitteln, die getan werden sollen. Vielmehr fragt sie nach den *Merkmalen*, die darüber entscheiden, warum Handlung A moralisch ist und Handlung B eben nicht. Die Ethik versucht also Kriterien zu finden, an Hand derer Handlungen als moralisch bewertet werden.

Die zweite Grundfrage lässt sich jedoch noch radikalisieren und in ihrem Inhalt von einer konkreten Handlung lösen. Dann kann sie in der folgenden Form gestellt werden: „Warum soll ich ethisch handeln?" (F2'). In dieser Form eröffnet sie ein ganz neues Feld innerhalb der Ethik. Laut der bisherigen Darstellung untersucht die Ethik nur, was die Gründe für die *Beurteilung* einer Handlung als moralisch sind. Doch in der neuen Form wird nun danach gefragt, was die *Motivation* für das Durchführen einer moralischen Handlung ist. Diese elementare Unterscheidung wurde von Kant eingeführt. Er verwendete hierfür die Bezeichnungen „principium diiudicationis" und „principium executionis". Das erste ist das Prinzip der Beurteilung von Moralität und das zweite das Prinzip der Ausübung von bzw. Motivation für Moralität. Nur weil ich weiß, dass Handlung A nicht moralisch ist, heißt das noch lange nicht, dass ich sie auch unterlasse. Ein profanes Beispiel: nur weil ich weiß, dass Rauchen schädlich für meine Gesundheit und die Gesundheit anderer ist, bedeutet das noch nicht, dass ich das Rauchen aufgebe oder gar nicht erst anfange. Mit diesem Beispiel soll allerdings nicht angedeutet werden, dass das Rauchen als eine unmoralische Handlung zu bewerten ist. Und das schreibe ich, obwohl ich Nichtraucher bin.

Die Differenz zwischen (moralischem) Wissen und Tun und die häufige Diskrepanz beider scheint heute eine Selbstverständlichkeit zu sein. Dennoch ist diese Unterscheidung höchst bedeutsam, da hierdurch ganz unterschiedliche Perspektiven von der Ethik auf den zu untersuchenden Gegenstand angelegt werden. Doch sowohl die Beantwortung von Fragen bezüglich der Moralität (von Handlungen) als auch die Begründung dieser Antworten spielen nicht nur in der Ethik als Wissenschaft eine Rolle, sondern auch im Alltag und in der ethischen Praxis. Wodurch hebt sich dann die Ethik als Wissenschaft von der ethischen Praxis ab? Indem sie genau das tut: sie hebt ab.

2.3 Ebene drei: die Metaethik

Die Ethik als Wissenschaft bleibt nicht am Boden haften, sondern distanziert sich zugleich von den von ihr gegebenen Antworten und Begründungen und betrachtet diese aus der Vogelperspektive. Das ist die Aufgabe der Metaethik. Sie untersucht die innerhalb der Ethik verwendeten Begründungsmuster und die von ihr verwendeten Begriffe. Die **dritte Grundfrage** lautet somit: „Wie sind die ethischen Grundbegriffe beschaffen und wie funktionieren ethische Begründungen?" (F3). Die Metaethik fällt also nicht auf einer höheren Ebene normative Aussagen, sondern stellt sprachphilosophische und methodologische Analysen an. So untersucht sie z. B. die verschiedenen Verwendungsweisen ethischer Begriffe wie „gut" oder „richtig" oder überprüft die logische Struktur einer Aussage wie „Es ist ethisch falsch, einen unschuldigen Menschen gegen seinen Willen zu töten". Ihre Aufgabe ist es dabei auch, implizite Sachverhalte und Voraussetzungen normativer Aussagen oder ethischer Begründungen an den Tag zu legen und transparent zu machen.

Es ist jedoch festzuhalten, dass die Metaethik nicht vollkommen unbeeinflusst von der Ethik operieren kann. Und diese Aussage gilt für beide Wirkungsrichtungen. Denn teilweise haben metaethische Feststellungen Einfluss auf die Antworten und Antwortmöglichkeiten der Ethik. Und teilweise wird auf Grund ethischer Überzeugungen ein metaethischer Analysevorschlag von vornherein als nicht verbindlich bewertet und somit aufgehoben. Zwischen Ethik und Metaethik besteht also eine Interdependenz, in der beide wechselseitig aufeinander wirken (können).

Mit dieser Einführung in die Drei-Ebenen-Systematik konnten zwei Herausforderungen auf einmal bewältigt werden. Zum Einen wurde die Vielzahl der im Kontext Ethik kursierenden Begriffe in einen Zusammenhang gebracht, wodurch deren Bedeutung und gedankliche Einordnung ermöglicht wurde. Und zum Anderen wurde ein Grundlage gelegt. Erst auf dieses Fundament aufbauend kann die Betrachtung ethischer Konzeptionen überhaupt erst sinnvoll geschehen. Während der näheren Beleuchtung der folgenden Ansätze kann somit immer wieder eine Überprüfung der vorgebrachten Argumente daraufhin erfolgen, auf welche der erwähnten Grundfragen eine Antwort gegeben werden soll, bzw. auf welcher Ebene die Argumente arbeiten. Damit kommen wir bereits zur ersten ethischen Konzeption der moralischen Erziehung.

3. Moralische Erziehung bei Kant als moralische Bildung

Immanuel Kants Konzeption der moralischen Bildung arbeitet anscheinend auf der Ebene eins, da sie sich mit der Grundfrage F1 beschäftigt. Allerdings sind die von ihm gemachten Aussagen eher auf der Ebene zwei anzusiedeln, da sie eine ethische Herangehensweise beinhaltet und sich mit den Grundfragen F2 und F2' beschäftigt. Sie setzt dabei nicht an Handlungen an, sondern am Charakter oder an der Gesinnung des Menschen. Deswegen wird seine ethische Konzeption auch häufig als Gesinnungsethik bezeichnet. Nach Kant erfolgt die moralische Bildung durch vier Vorgänge, die aber nicht als linear aufeinander folgend betrachtet werden dürfen, sondern vielmehr gleichzeitig als vier Momente zu verstehen sind. 1. Disziplinierung, 2. Kultivierung, 3. Zivilisierung und 4. Moralisierung. Dabei läuft alles auf das

Gründen eines Charakters hinaus, was erst durch das vierte Moment der Moralisierung erreicht wird. Die ersten drei Momente dürfen also keinesfalls ohne das letzte Moment gedacht werden. *Die drei elementaren Merkmale eines Charakters, die durch diese vier Momente angezielt werden, sind unverzichtbar für den guten Willen, also für eine moralische Person, und lauten: Gehorsamkeit, Wahrhaftigkeit und Geselligkeit. In welcher Weise diese Merkmale durch die vier Momente der moralischen Bildung erreicht werden, soll nun geschildert werden.* Doch vorher müssen noch einige grundlegende Voraussetzungen theoretischer Natur erläutert werden, ohne zugleich die sehr umfassende Anthropologie, Moralphilosophie und Transzendentalphilosophie Kants zu behandeln. Einzelne Aspekte aus diesen sollen jedoch angeschnitten werden, soweit sie von unmittelbarer Relevanz für die moralische Bildung bei Kant sind.

3.1 Voraussetzungen

3.1.1 Freiheit

Die erste Voraussetzung ist der Aspekt der Freiheit. Um einen Menschen (und seine Handlungen) überhaupt erst als moralisch bezeichnen zu können, um also in seinem Fall von Moralität sprechen zu können, muss der Mensch nach Kant frei sein. Erst dann kann also moralische Bildung möglich werden. In welchem Sinne frei? Wenn eine Person von jemand anderem gezwungen wird, eine bestimmte Handlung durchzuführen, so hat er dies nicht aus freiem Willen und selbstbestimmt getan, sondern wurde dazu genötigt. In diesem Fall wäre er zwar der rein empirisch-physikalische Verursacher der Handlung, aber nicht der moralische. Um auch der moralische Verursacher dieser Handlung zu sein, im vollen Sinne des Wortes also autonom zu sein, müsste er sich selbst zu ihrer Durchführung entschlossen haben. Das heißt, erst wenn er sich in der Freiheit selbst (auto) das moralische Gesetz (nomos) auferlegt, kann er moralisch bewertet werden.

3.1.2 Radikal böse

Auch aus dieser Notwendigkeit heraus sieht Kant den Menschen nicht als grundsätzlich gut an. Denn wenn der Mensch von vornherein gut wäre, müsste bzw. könnte er sich nicht mehr für die Moralität entscheiden. Da ihm in diesem Falle die Freiheit fehlte, wäre er zu Moralität also gar nicht in der Lage. Und weil der Mensch nicht grundsätzlich moralisch gut ist, bezeichnet Kant ihn als radikal böse. Mit radikal meint er in diesem Fall die Verbindung zu der Kausalität der Freiheit, d. h. die Verursachung (einer Handlung) geschieht aus der *Freiheit* der Person heraus. Die Entscheidung wird somit zwischen der Veranlagung zum Guten und dem radikal Bösen getroffen. Letztendlich hat der Mensch also beide Seiten in sich. Wie äußert sich nach Kant das radikal Böse? Das wird in seiner Beschreibung des guten Willens als dem radikal bösen entgegen arbeitende verdeutlicht.

3.1.3 Guter Wille

Kant stellt Überlegungen an, was „gut" sei. Er kommt dabei zu dem Schluss, dass jede Fähigkeit, jede Eigenschaft, sowie so genannte Glücksgaben wie Reichtum, Macht, Ehre usw. alle nicht an sich gut sein können, da sie immer auch die Möglichkeit zum Missbrauch beinhalten. Damit beschreibt er eine radikale Abkehr von der Tugendethik, wie sie z. B. Aristoteles vertrat, in der die Mitte innerhalb einer Dimension des Handelns „gut" wäre. Nach Kant kann etwas aber nur wirklich gut, wenn der dahinter stehende Wille gut ist. Er schlussfolgert deswegen, dass nur der gute Willen, der all die oben genannten Fähigkeiten, Eigenschaften und Umstände lenkt und steuert, gut ist. Kant setzt als Hauptmerkmal des guten Willens folgenden Schwerpunkt: „Der gute Wille ist nicht durch das, was er bewirkt oder ausrichtet, nicht durch seine Tauglichkeit zu Erreichung irgendeines vorgesetzten Zweckes, sondern allein durch das Wollen, das ist an sich gut". Der Wille ist aber nicht auf das bloße Wünschen beschränkt, sondern impliziert „die Aufbietung aller Mittel, soweit sie in unserer Gewalt sind". Und was sagt Kant über die individuellen Wünsche und Neigungen? Dazu kommen ein paar Hinweise im nächsten Abschnitt, in Verbindung mit Kants Vorstellung der Pflichten.

3.1.4 Pflicht

Die Pflicht ist für Kant ein weiterer Begriff von zentraler Bedeutung. Er grenzt diesen von der Neigung ab. Denn wenn sich der Mensch von seinen (empirischen) Neigungen leiten ließe, so handelte er nicht mehr autonom und aus seiner Freiheit heraus, sondern vielmehr fremdbestimmt. Aus der Betrachtung des Freiheitsgedankens ist bereits klar geworden, dass diese Vorgehensweise nach Kant für den Menschen nicht tolerierbar ist, da er ansonsten kein moralisches Wesen wäre. Deswegen sind jegliche Neigungen als Gründe für das eigene Handeln zu negieren. Handlungen sollten vielmehr nur aus der Pflicht heraus getan werden, der sich der Mensch in seiner Freiheit unterordnet.

Damit eröffnet sich jedoch eine große Herausforderung in Bezug auf die Beurteilung des Motivs der Person. Wenn es etwa ein Händler unterlässt, einige seiner unerfahrenen Kunden (z. .B. Kinder) unehrlich zu bedienen, obwohl ihm daraus ein Schaden durch den geringeren Gewinn entstünde, scheint dies auf den ersten Blick aus einer Pflicht heraus zu geschehen und wäre dadurch eine moralische Handlung. Kant schaut sich dieses Beispiel aber (mindestens) noch ein zweites Mal an. Er fragt sich, was passierte, wenn der Händler unehrlich wäre. Mit der Zeit würde sich das herumsprechen und es würde deswegen ein Großteil seiner bisherigen Kunden wegen seiner Unehrlichkeit nicht mehr einkaufen. Dadurch entstünde für ihn ein weitaus größerer Schaden. Um das zu vermeiden, handelt er also nicht aus einer Pflicht, sondern aus dem bloßen Kalkül der Nützlichkeit heraus gegenüber allen ehrlich. Da seine Ehrlichkeit also nicht der Pflicht entspringt, ist sein Handlungsgrundsatz kein moralischer.

Aber auch in den Fällen, in denen Neigung und Pflicht in die gleiche Richtung weisen, also eine Handlung aus beiden Maximen heraus entspringen könnte, sagt Kant, ist eine Unterscheidung und Bewertung der Moralität nicht möglich. Schließlich könne nicht eindeutig festgestellt werden, ob die Handlung aus Neigung *oder* aus Pflicht geschieht. Somit sind für Kant entsprechende Handlungen grundsätzlich amoralisch. Er schlussfolgert daraus, dass nur Handlungen, die aus einer Pflicht heraus geschehen und dabei der (unmittelbaren) Neigung sogar widersprechen, moralisch sind. Er unterscheidet dabei die Pflichten gegen sich selbst von den Pflichten gegen andere. Auf den Aspekt der Pflicht soll später dabei noch ein wenig eingegangen werden. Wie sieht es aber mit der Richtung des Willens und der Pflicht aus? Was soll angestrebt werden? Inhaltlich wird diese Frage von Kant nicht beantwortet, dafür aber formal. Der Maßstab, nach dem sich der Wille ausrichtet ergibt sich aus der Vernunft, die nach Kant mit dem guten Willen gleichzusetzen ist. Der gute Wille wäre somit jener, der sich in der Wahl seiner Maximen den Prinzipien der Vernunft unterwirft. Und die Maximen der Vernunft ergeben sich aus dem kategorischen Imperativ, der Moral formal bestimmt.

3.2 Der kategorische Imperativ

Der kategorische Imperativ ist *das* zentrale Merkmal der Moralphilosophie Kants und ist *zugleich* die Antwort auf die Grundfragen F2 und F2'. Er beschäftigt sich also mit dem Prinzip der *Beurteilung* von moralischem Handeln (principium diiudicationis)

3.2 Der kategorische Imperativ

und dem Prinzip der *Motivation* für moralisches Handeln (principium executionis). In seiner Grundformel lautet der kategorische Imperativ:

> „Handle nur nach derjenigen Maxime, durch die du zugleich wollen kannst, daß sie ein allgemeines Gesetz werde."

Seine Bezeichnung sowie sein Wortlaut enthalten einige Begriffe, die Kant in einer ganz bestimmten Bedeutung verwendet. Durch die Erläuterung dieser Begriffe soll sein Sinngehalt Stück für Stück erarbeitet werden. Was ist mit dem Schlüsselwort „Imperativ" gemeint? Der Imperativ beschreibt ein Sollen, das als „gut" definiert wird. Etwas, das geboten ist und zwar in dem Verhältnis objektiver, allgemeingültiger Gesetze zu dem subjektiven Willen einer Person. Kant unterscheidet zwei mögliche Arten des Imperativs: den *hypothetischen* und den *kategorischen*. Der *hypothetische* Imperativ ist in einer (möglicherweise verdeckten) Wenn-Dann-Struktur aufgebaut, da er die Bedingung einer Handlung als Mittel für das Erreichen eines anderen Zwecks beschreibt. Die hierin beschriebene Handlung ist also nicht an sich gut, sondern nur als Mittel für die Erreichung eines Zwecks. Ganz anders ist das beim *kategorischen* Imperativ. Hier ist die Handlung nicht das Mittel zu einem Zweck, sondern die Handlung ist schon an sich gut, Die Handlung selber ist somit der Zweck und ist an sich gut.

Kant verwendet außerdem die Begriffe Maxime und Gesetz. Beides sind für ihn Prinzipien, oberste Handlungsgrundsätze oder Ziele. Der bedeutsame Unterschied liegt jedoch darin, dass die Maxime ein *subjektives* Prinzip ist, der Grundsatz, nach dem ein Individuum handelt, das Gesetz ist dagegen ein *objektives* Prinzip, das für alle gültig ist. Das entscheidende Element im kategorischen Imperativ steckt aber in dem Wörtchen „zugleich". Dadurch verdeutlicht Kant, dass eine Überprüfung der Maxime mit dem Gesetz notwendig ist. Und erst, wenn das subjektive Prinzip widerspruchsfrei auch als objektives Prinzip fungieren könnte, wäre die daraus resultierende Handlung moralisch „gut". Meine aus freiem Willen festgelegte Maxime, die aus meiner Vernunft und meinem Pflichtgefühl entspringt, muss also „zugleich" auch als Gesetz gelten können.

Um die Überprüfung dieses „zugleich" zu erleichtern, führt Kant noch zwei Varianten des kategorischen Imperativs ein: die Naturgesetzformel und die Selbstzweckformel. Die erste Variante lautet:

> „Handle so, als ob die Maxime deiner Handlung durch deinen Willen zum allgemeinen

Naturgesetz werden sollte."

Ein Naturgesetz ist z. B. die „Beförderung des Lebens". Wenn aber eine Person auf Grund äußerst widriger Umstände Selbstmord begehen möchte, würde dieser Wille im Widerspruch zum Naturgesetz stehen. Da hierbei ein Widerspruch entsteht, wäre der Wille bzw. die Maxime dieser Person nicht moralisch.

Die zweite und – vor allem für die Pädagogik – noch entscheidendere Variante lautet:

> „Handle so, daß du die Menschheit, sowohl in deiner Person als in der Person eines jeden anderen, jederzeit zugleich als Zweck, niemals bloß als Mittel brauchst."

Bei der Vorbereitung auf diese Klausur trat z. B. die Frage auf, ob ein Voyeur eigentlich unmoralisch handelt. Er schadet der betrachteten Person zwar nicht. Vielmehr zeigt er durch sein Betrachten sogar eine gewisse Art der Wertschätzung für diese Person. Denn wenn sie ihm nicht gefiele, würde er sie sicher nicht anschauen/-starren. Doch wie sieht es mit seiner Moralität aus? Abgesehen davon, dass er nur seiner Neigung entsprechend handelt, was ihn nach Kant schon moralisch disqualifizieren würde, „betrachtet" er die Person zudem nicht als Selbstzweck, sondern bloß als Mittel für die Erreichung seines Zwecks (der Lust). Der Voyeur würde zwar nach dem hypothetischen Imperativ handeln. Durch diesen kann jedoch keine Zuschreibung von Moralität erfolgen. Somit wäre die Handlung des Voyeurs unmoralisch. Aber auch Handlungen der Person A, die zum Vorteil der Person B gereichten, wären nach Kant nicht moralisch, wenn der eigentliche Zweck des Handelnden A ein anderer wäre.

An Hand der obigen Beschreibungen wurde gezeigt, dass es für Kant auf den konkreten Inhalt der Handlung zur moralischen Beurteilung gar nicht ankommt. Dadurch wird die Glanzleistung Kants deutlich, das er die Beurteilung dessen, was moralisch gut ist, nicht inhaltlich festlegt. Die Bestimmung des moralisch „guten" ist dadurch temporal und lokal nicht beschränkt, sondern formal. Allerdings wurde genau diese Vorgehensweise und Form der Beurteilung auch oft an ihm kritisiert.

Der Gebrauch des guten Willens und die Verwendung der eigenen Vernunft zur Ausrichtung des Lebens an Hand des kategorischen Imperativs bezeichnet Kant als Charakter. Damit schließt sich der Kreis und nun kann wieder die Frage gestellt werden, wie dieser Charakter gegründet wird. Doch wie kann die Erziehung den Menschen dazu fähigen, nach diesem äußerst komplexen Theoriegebäude, das auch nur stark verkürzt dargestellt wurde, zu leben? Damit kommen wir zurück zur moralischen Bildung des Menschen.

3.3 Die vier Momente der moralischen Bildung

Die vier, weiter oben bereits genannten, Momente lauten Disziplinierung, Kultivierung, Zivilisierung und Moralisierung. Wie bereits angedeutet steht das Moment der Moralisierung dabei im Vordergrund und muss von Anfang an angestrebt werden. Dabei ist jedoch anzumerken, dass dieses letzte Moment nicht von außen bewirkt werden kann. Dazu aber später mehr. Nun zum ersten Moment der moralischen Bildung.

Bei der **Disziplinierung** soll das Kind lernen, die eigenen Wünsche und Bedürfnisse nicht immer hemmungslos auszuleben, sondern aus der Vernunft heraus die eigenen Neigungen und Launen zu kontrollieren bzw. disziplinieren. Dabei soll sein Wille aber nicht (durch Strafen) gebrochen werden. Vielmehr soll er durch das Begründen der Disziplinierung gestärkt werden. Denn das automatische, unreflektierte Befolgen jeglichen (Handlungs-)Impulses kann dauerhaft nur durch den eigenen Willen unter Kontrolle gebracht werden. Und dieser ist – wie weiter oben erwähnt – ein entscheidendes Kriterium für (das Lernen von) Moralität.

Das nächste Moment, die **Kultivierung**, bezieht Kant auf das Erlernen sogenannter Kulturtechniken wie Lesen, Schreiben, Rechnen. Darin eingeschlossen sind für ihn aber auch elementare kognitive Bestandteile wie Denk- und Redefähigkeiten, sowie körperliche Fähigkeiten und Fertigkeiten. All das durch die Kultivierung erlernte ist die Voraussetzung für das Erreichen der selbstgesetzten Zwecke. Also die Notwendigkeiten, um gemäß hypothetischer Imperative zu handeln. Wobei die *Wahl* der Zwecke hier keinerlei Rolle spielt.

Die **Zivilisierung,** als dem dritten Moment der moralischen Bildung, ist mit den heute so häufig geforderten „soft skills" zu vergleichen. Sie soll zum Leben in der bürgerlichen Gesellschaft befähigen. Der Mensch wird nun nämlich nicht mehr als ein einzelnes und isoliert für sich stehendes Wesen betrachtet, sondern in einen sozialen Kontext eingebettet. Dementsprechend soll die Zivilisierung dazu beitragen, dass der Mensch im Umgang mit anderen gebildet wird. Durch das Lernen der sozialen Kompetenzen soll er wissen, wie er sich den anderen gegenüber richtig zu verhalten hat und wie er sie möglicherweise zur Erreichung seiner eigenen Zwecke beeinflussen muss. Doch hier ist – wie auch bei der Kultivierung – die Wahl der

Zwecke und Ziele nicht festgelegt, sondern noch variabel.

Die Auswahl der Ziele zur richtigen Verwendung von Diszipliniertheit, Kultiviertheit und Zivilisiertheit ist letztlich erst durch die **Moralisierung** möglich. Deswegen dürfen die ersten drei Momente niemals als unabhängig von der Moralisierung betrachtet oder in der Erziehung losgelöst von ihr realisiert werden. Es ist jedoch – wegen der Bedeutung dieses Gedankens – wiederholt anzumerken, dass die Moralisierung keinesfalls von außen erreicht werden kann. Sie kann durch den Pädagogen zwar vorbereitet werden. So kann er durch die ersten drei Momente der moralischen Bildung in ständigem Blick auf die Freiheit und Vernunft des zu Erziehenden darauf hinarbeiten. Er kann dadurch aber lediglich die Voraussetzungen dafür schaffen, mit Kant gesagt, einen Charakter gründen. Die Ausrichtung des zu Erziehenden nach dem kategorischen Imperativ, also die Befolgung des moralischen Gesetzes als dem erklärten Ziel der moralischen Bildung, geschieht aber erst durch den *Entschluss* dieser Person. Diese Entscheidung aus Vernunft nennt Kant auch eine „Revolution in der Gesinnung". Nach dieser „Revolution" wäre nichts mehr so wie vorher, denn von da an würde man ein vollständig anderes Leben führen. Allerdings besteht immer die Gefahr, dass sich gerade dieser Entschluss als eine Selbsttäuschung herausstellt. Es gibt folglich keine dauerhafte Sicherheit und Gewissheit bezüglich der eigenen Moralität und moralischen Autonomie. Deswegen muss die eigene Entscheidung aus Freiheit und gemäß der Vernunft immer wieder überprüft werden.

Aus diesen Gedanken resultiert die Schlussfolgerung, dass die Möglichkeiten des Pädagogen für die moralische Bildung des zu Erziehenden von vornherein begrenzt und in ihrer Wirkung eingeschränkt sind. Denn die Selbsttätigkeit bzw. der Selbstentschluss des zu Erziehenden macht ihn somit selbst zu seinem eigenen Erzieher.

3.4 Aspekt Transparenz

An dieser Stelle sollen nun einige Bereiche thematisiert werden, in denen der Aspekt der Transparenz bei Kant – teilweise unausgesprochen – eine Rolle spielt. Die Aufführung dieser Bereiche dient der mentalen Vorbereitung und Einstimmung für das nächste Kapitel, in dem die Gedanken Butlers zu Ethik und Moral behandelt werden. In der Beschreibung der Pflicht bei Kant wurde sie von der Neigung abgegrenzt. Nur Handlungen, die entgegen der Neigung und nur aus Pflicht geschehen würden, wären nach Kant moralisch. Das setzt aber voraus, dass wenn schon nicht anderen Menschen als externen Beurteilern, aber doch zumindest der handelnden Person selber voll und ganz bewusst ist, was seine Neigungen sind. Denn erst dann könnte er entgegengesetzt handeln. Dieser Anspruch der vollständigen Erkenntnis und Bewusstheit der eigenen Neigungen und Wünsche ist aber nie 100%ig erreichbar. Wenn sich eine Person seiner Neigungen aber nicht bewusst ist, kann sie diesen auch nicht widerstehen und ihnen auch nicht entgegengesetzt handeln. Es würde also immer die Möglichkeit bestehen, dass eine aus Pflicht durchgeführte Handlung auch aus einer Neigung heraus vollzogen wurde. Somit wäre jedwede Handlung nach Kant nicht moralisch gut, da sie potentiell aus einer Neigung heraus geschah. In Verbindung mit der Ablehnung der Neigung bei Kant wird häufig noch ein weiterer Kritikpunkt angeführt.

Davon abgesehen ist es auch schier unmöglich, jegliche Neigung und jedes Bedürfnis zu verneinen und die eigenen Handlungen immer als ein neigungsloses Wesen durchzuführen. Auch aus diesem Blickwinkel betrachtet steckt in der Sichtweise Kants von Moralität und moralischer Bildung also ein nicht erfüllbarer Anspruch.

4. Moralische Erziehung bei Butler

4.1 Was soll ich tun? → Wer bin ich?

Bei Kant steht die hier zuerst genannte Frage im Mittelpunkt. Er versucht durch seine – oben dargestellten – Gedanken eine Antwort darauf zu geben. Es ist jedoch interessant, welche Voraussetzungen dabei versteckt gedacht werden. An erster Stelle steht der Aspekt, dass ein bestehendes „Ich" angenommen wird. Dieses Subjekt wird als bereits entstanden angenommen und stellt nun die genannte Frage. Es müsste jedoch zunächst geklärt werden, wie dieses „Ich" entsteht. Was sind die Bedingungen seiner Entstehung? Was sind die Voraussetzungen der Subjektwerdung? Erst wenn diese Bedingungen geklärt sind, sofern so eine eindeutige Klärung überhaupt möglich ist, kann das „Ich" diese Frage stellen und darauf eine Antwort suchen. Damit wird auch bereits auf eine zweite Voraussetzung hingewiesen. Es wird nämlich zugleich angenommen, dass dieses „Ich" der Reflexion auf sich selbst überhaupt fähig ist. Doch wie kann ein Subjekt sich selbst reflektieren und über sich nachdenken, das noch nicht einmal weiß, wie es entstanden ist? Schließt diese fehlende Selbstkenntnis (der eigenen Entstehung) aber nicht zugleich ein, dass das Subjekt auch nicht die Fähigkeit dazu hat, sich selber zu analysieren? Somit lässt sich feststellen, dass die Antwort Kants auf die Frage „Was soll ich tun?" gar nicht so ohne weiteres in dieser Form möglich ist. Zunächst müsste geklärt werden, wer dieses hier angeführte „Ich" ist.

Butler schreibt dazu, dass die Frage, welche ethischen Normen als verpflichtend angesehen werden soll und wie diese jeweils begründet werden einige zu untersuchende Felder überspringt. Deswegen beschäftigt sie sich zunächst mit der Frage „Wer bin ich?". Durch diesen Rück-Schritt und die daraus resultierende Umformulierung der Frage sollen nach ihrer Ansicht schlüssige Antworten erst ermöglicht werden. Ihre Fragestellung ist keine ethische, befindet sich nicht mehr auf der Ebene zwei, sondern „hebt ab" und betrachtet die impliziten Voraussetzungen von einem höheren Niveau aus. Ihre metaethische Frage nach dem „Ich" versucht sie, über den Begriff der Rechenschaft zu beantworten. Das „Ich" versucht Rechenschaft von sich abzulegen, als wollte es erklären, warum es so und nicht anders gehandelt habe. Butler vergleicht dieses Rechenschaft von sich ablegen auch mit dem Erzählen einer Geschichte. Aber nicht irgendeiner, sondern der eigenen.

Dabei ergibt sich nach Butler allerdings ein neues Problemfeld. Denn bei dem Versuch des „Ichs", die eigene Geschichte zu erzählen, scheitert es unweigerlich. Denn es kann nicht erzählen, wie es zu diesem „Ich" wurde, das von sich selber erzählen will. Butler begründet diesen Umstand damit, dass das Selbst von Anfang an im Kontext formender Normen steht. Es ist von gesellschaftlichen Bedingungen nicht unabhängig und losgelöst, sondern sondern von Anfang an in gesellschaftliche und geschichtliche Bedingungen eingebettet. Das gilt auch für das ethische System. Die ethischen Normen sind nämlich zugleich Entstehungsbedingungen des „Ich". Die Frage, nach welchen Normen sich das „Ich" ausrichten soll, kann so deswegen nicht beantwortet werden, da das „Ich" schon in seiner Entstehung von diesen Normen bestimmt wird. Dieser Umstand lässt sich mit Menschen innerhalb einer eingezäunten Wiese vergleichen. Sie haben einen gewissen Bewegungsspielraum und können hierhin oder dorthin gehen, also ihre Handlungen entsprechend unterschiedlicher Richtungen und Richtlinien bzw. Normen orientieren. Wenn sich eine Person aber fragt, wie sie auf diese Wiese kam, stößt sie an ihre Grenzen. Sie kann sich zwar an den Rand des eingezäunten Bereiches begeben und die Grenze der Wiese untersuchen, bzw. die Normen als unabdingbares Merkmal der eigenen Konstitution abtasten. Es ist ihr aber unmöglich, über den Zaun zu steigen und die Wiese zu verlassen, da die Erscheinungs- und Wirkungsweise des Zauns sie bereits von vornherein geprägt und bedingt hat. Als Folge für ihr so beschriebenes Handeln und Denken wird sie von den anderen Personen möglicherweise als Außenseiter und merkwürdig betrachtet. „Was verhält man sich auch so komisch. Stundenlang den Zaun befühlen. Wer macht denn schon sowas? Und was bringt das überhaupt?" So oder ähnlich werden häufig auch Personen beschrieben, die sich (gedanklich) am Rand der Gesellschaft befinden und bewegen.

Doch zurück zu Butler. Da die eigene Entstehung auf Grund der normativen Grenzen als Bedingung der Entstehung nicht vollständig erkannt werden kann, ist sich das „Ich" von Anfang an in einem gewissen Umfang unbekannt. Diese Intransparenz führt somit zu einer Inkompetenz, mit der das „Ich" als einem sich teilweise unbekannten Subjekt lernen muss, umzugehen. Um diesen Umgang mit sich selbst ein wenig näher zu beleuchten, ist es notwendig, die Beziehung zum anderen in den Lichtkegel der Aufmerksamkeit zu ziehen.

4.2 Wer bin ich? → Wer bist du?

An der von Butler zu Beginn angeführten Frage „Wer bin ich?" muss deswegen eine Transformation der Fragestellung durchgeführt werden. Da das „Ich" immer schon in Verbindung mit anderen Personen existiert, es immer schon in Beziehung zu ethischen Normen und zu anderen lebt, muss diese Beziehung zum Anderen thematisiert werden. Damit stellt sich für Butler die Frage in der folgenden Form „Wer bist du?". Wie lässt sich das Verhältnis des „Ich" zum „Du" beschreiben? Butler beschreibt es so, dass die Menschen sich als Wesen einander ausgesetzt sind und das die vom Anderen isolierte Existenz des „Ich" nicht möglich ist. Die eigene Erscheinung tritt unmittelbar und dauerhaft dem Anderen gegenüber und umgekehrt. Auch der andere ist in seiner Form in einem ständigen Verhältnis zu mir. Und weder ich noch er können dieses gegenseitige Bedingen z. B. durch den eigenen Willen abschalten. Auch wenn es mir nicht passt, vom Anderen (moralisch) beurteilt zu werden, so werde ich doch durch mein leibliches Sein unvermeidbar mit ihm konfrontiert.

Und das hat natürlich Konsequenzen für meine Sicht auf mich selber, den Anderen und auf die ethische Konzeption. So ist mir der Andere genauso wenig vollständig transparent, wie ich es mir selber bin. Es geht jedoch keineswegs darum, einfach das Untersuchungsobjekt zu vertauschen. Das ist Ziel ist nicht, statt des „Ich" nun das „Du" in den Mittelpunkt zu rücken und vollständig erkennbar zu machen. Vielmehr ist es Butlers Anliegen, die gegenseitige Bedingtheit nicht transparent, aber doch zumindest bewusst zu machen. Zugleich soll auch erkannt werden, dass es erkenntnistheoretische Grenzen gibt, sowohl in Bezug auf mich selber, als auch in Bezug auf den Anderen. Bei dem Versuch, von sich selbst Rechenschaft abzulegen, spielen also zwei Bedingungsfaktoren meiner selbst eine begrenzende Rolle: zum Einen mein immer schon vorhandenes Verhältnis zu dem Anderen. Und zum Anderen meine von sozialer Normativität beeinflusste Entstehung.

Die innere Beschau meiner selbst und die von Kant geforderte Souveränität des Subjekts und der Entschluss aus reiner Vernunft und in Freiheit wird durch diese Horizonterweiterung aber als nicht gangbarer Weg dargestellt. Denn wenn ich von sozialen Normen in meiner Konstitution beeinflusst bin und ich diese nicht einmal im Nachhinein durch Reflektion analysieren und feststellen kann, bin ich nicht in dem von Kant gemeinten Sinn frei. Auf Grund dieser Ausführungen ließe sich schlussfolgern, dass das durch die eigene Intransparenz bedingte „Ich" zu gegenseitiger Verbindlichkeit und moralischer Verantwortlichkeit nicht in der Lage ist. Denn wenn ein Subjekt nicht einmal sich selbst gegenüber Rechenschaft darüber ablegen kann, warum es so oder anders gehandelt hat, wie kann es dann als ein mündiges und souveränes Subjekt bezeichnet werden? Somit kann es also unmöglich als ein moralisches Wesen definiert werden und Moralität kann ihm nicht zugerechnet werden. Ist das aber das Ende von Moral und die Auflösung der Ethik?

4.3 Anerkennen → menschlich werden

Butler Schlussfolgerung sieht anders aus. Vielmehr sagt sie, dass gerade diese Unabgeschlossenheit der eigenen Rechenschaft oder die angebliche „Unzurechnungsfähigkeit" und die Intransparenz die absolut notwendigen Voraussetzungen für eine neue Sicht auf das ethische sind. Mit der nun folgenden (verkürzt dargestellten) Argumentation verlässt Butler allerdings die Metaebene und stellt Überlegungen auf der Ebene zwei zu möglichen Begründungsansätzen für eine neue Moral an. So wie ich mir selber nicht vollständig transparent bin und auch nicht vollständig Rechenschaft von mir ablegen kann, geht es dem Anderen natürlich auch. Da ich dies über ihn weiß, kann ich von ihm auch keine absolute Perfektion und 100%ig moralische

Richtigkeit verlangen. Denn bedingt durch die Intransparenz ist es durchaus im Rahmen des Möglichen, dass sich der Andere in einer moralischen Entscheidung irrt oder dass er einen Fehler begeht. Und diesen Zustand der Schwäche, der potentiellen Fehlerhaftigkeit des Anderen muss ich anerkennen. Alles andere wäre unmenschlich. Diese Sichtweise ist jedoch nicht auf den Anderen beschränkt sondern gilt auch genauso für das „Ich". Denn auch ich bin nicht der Transparenz in vollem Umfang fähig und könnte mich deswegen auch selbst hin und wieder (oder auch öfter) täuschen. Auch ich bin auf die Anerkennung der Anderen angewiesen, um menschlich zu werden. Es ist dabei auch zu beachten, dass jeder *Andere* anders ist. Deswegen wäre es auch nicht korrekt alle Anderen zu einem kollektiven „Sie" zusammenzufassen und mein Verhältnis zu ihnen als einem Gemeinsamen zu untersuchen. Jeder Andere ist einzeln bzw. einzigartig. Daher ist es notwendig, jeden Anderen in seiner Singularität und begrenzten Transparenz und (daraus folgend) Kompetenz anzuerkennen. Sie intendiert damit jedoch keine Defizitzuschreibung und -orientierung, sondern lediglich die Anerkennung dieses Zustands des Seins.

In diesem Zusammenhang spielt noch einmal der Aspekt der Verantwortung für Butler eine große Rolle. Man könnte nämlich meinen, dass durch die mangelnde Kompetenz des „Ich" (und des Anderen) bezüglich moralischer Richtigkeit und durch seine potentielle Fehlerhaftigkeit keiner mehr für sein Handeln verantwortlich ist. So als würde niemand mehr die Verantwortung für sich selbst und sein eigenes Handeln müssen, da er zu Moralität und Richtigkeit ja sowieso nicht in der Lage sei. Diese Auflösung von Verantwortung liegt Butler fern. Doch wie kann Verantwortung dann möglich sein? Ihr ist es wichtig, Verantwortung nicht mehr (wie bei Kant) an die eigene Transparenz zu knüpfen. Verantwortung für sich selbst übernehmen hieße dann, sich die Grenzen des Selbstverständnisses einzugestehen und zugleich auch als Tatsache für die gesamte Gesellschaft anzunehmen. Die Frage der Verantwortung hat also nicht nur mit mir als einem vollständig abgeschlossenen und abgegrenzten Wesen zu tun, sondern muss immer in Verbindung mit dem Anderen gedacht werden. Denn wie bereits mehrfach angeführt, ist der Andere immer schon ein Teil von mir. Möglicherweise durch seine unmittelbare Präsenz, aber auf jeden Fall durch den Einfluss des Anderen auf die Konstitution meiner Selbst.

Diese von Butler vorgeschlagene Sicht ist gar nicht so neu und ungewöhnlich. Denn immer wieder ist im Kontext der Schule (und der Wirtschaft) der Ruf nach einer neuen Fehlerkultur als Teil einer Lernkultur zu hören. Das momentane „Verteufeln" von Fehlern führe nämlich u. A. zu einer negativen Atmosphäre und verdecke die Lernchancen, die sich aus dem Begehen eines Fehlers ergeben. Eine neue Fehlerkultur hätte also sehr positive Auswirkungen und wäre schon allein deswegen notwendig, weil sich Fehler nie zu 100% ausschließen lassen.

Und in eine ähnliche Richtung scheint Butlers Argumentation bezüglich der Anerkennung zu gehen. Also nicht nur eine Fehlerkultur in Bezug auf das Lernen, sondern auch in Bezug auf das Ethische: eine „Fehlerkultur des Ethischen". Denn erst durch die Anerkennung der eigenen Schwäche(n) bzw. der Schwäche(n) des Anderen ist es möglich, Mensch zu werden. Und der Mensch ist nun mal nicht vollkommen, sondern macht auch Fehler. Und manchmal immer wieder die gleichen. Deswegen hört auch die Notwendigkeit der Anerkennung nie auf. Denn das „Ich" wird nicht *einmal* durch eine Revolution in der Vernunft moralisch und damit zum Menschen. Statt dessen ist das menschlich werden ein dauerhafter und ständiger Prozess der nie aufhört. Wie kann dieser Prozess aber eingeleitet und gefördert werden? Dazu folgen im nächsten Kapitel einige nicht abschließenden sondern aufschließenden Gedanken.

5. Die Relevanz der Pädagogik für das Êthos

Bezug zu Fächereinführung herstellen. In Anbetracht der zwei vorgestellten Ansätze stellt sich die Frage, ob Ethik auf diesem Weg in den genannten Fächer überhaupt vermittelt werden kann. Bzw. Was wird hier eigentlich vermittelt? So wie es aussieht, ist der in den genannten Fächern durchgeführte Unterricht zumeist auf Ebene eins und nur gelegentlich auf der zweiten Ebene angesiedelt. Es wird also lediglich versucht, bestimmte bereits vorgegebene Normen und Werte zu besprechen oder gar in Rollenspielen einzuüben, um die Einsicht der Schüler in die Notwendigkeit dieser Leitlinien für das Handeln zu fördern. Die vorgegebenen moralischen Vorstellungen sowie die zu Grunde liegenden Begründungsansätze *an sich* stehen aber kaum zur Diskussion. Auch Wolfgang Fischer kritisiert die hierbei durchgeführte Vorgehensweise und kommt zu dem Schluss, dass Ethik nicht lehrbar ist.

Butler tendiert ebenfalls in diese Richtung, denn man könnte ihr durchaus folgenden Ausspruch zutrauen: „Das Ethische verunmöglicht die Ethik". Denn die Ethik als vorgegebene normative Sätze inklusive ihrer Begründung sind zwar für die Konstitution jedes Einzelnen von Bedeutung. Moralität entspringt diesen Voraussetzungen aber nicht in einer simplen kausalen Reaktion. Entscheidend ist das Êthos, also der Charakter der Person. Und bei dem Stichwort Charakter und seiner Bildung wird die unmittelbare Bedeutung der Pädagogik in diesem Zusammenhang deutlich. Aufgaben der Pädagogik wären es für diese Charakterbildung, dass die Person die eigene Intransparenz kennenlernt und sich auch mit ihr anfreundet. Außerdem die Bildung seiner selbst und des Êthos als einer kritisch-moralischen Sichtweise, die auch sich selber immer wieder hinterfragt und nicht auf einmal ausgehandelten oder akzeptierten moralischen Konzeptionen und Regeln ein Leben lang beharrt. Außerdem muss diese Person auch lernen, mit einer gewissen Unsicherheit bezüglich der Gültigkeit von moralischen Vorstellungen und ihrer Begründungen zurecht zu kommen.

Doch wie kann so eine Charakterbildung, ohne mit diesem Begriff die Verbindung zu Kant *zu* stark zu machen, aussehen? Welche Handlungs- und Argumentationsweisen wären hierfür förderlich und welche abträglich? Ist z. B. das bloße Diskutieren und Argumentieren in Verbindung mit moralischen Dilemmata schon eine ausreichende Herangehensweise? Oder muss die Bedeutung des Êthos auch im konkreten Miteinander z. B. im Unterricht oder im Umgang der Eltern mit den Kindern sichtbar werden? Und wie könnte dieses Miteinander dann aussehen? All diese Fragen können hier leider nicht beantwortet werden. Wie aber bereits gezeigt wurde, ist das Geben von Antworten oft wesentlich weniger interessant und fruchtbar, als das Stellen von Fragen. Und das gilt genauso für die Pädagogik und die moralische Erziehung. Kurz gesagt: „Wieso? Weshalb Warum? Wer nicht fragt, bleibt dumm?"